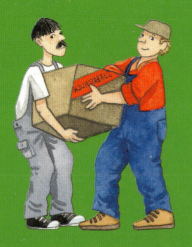 

Rudi und Ernst haben alle Möbel von Paul und Brigitte in den kleinen Laster geladen. Doch leider verlieren sie auf dem Weg ständig Möbelstücke.

Herr Warum geht gerne wandern und erkundet dabei die Welt. Alles schaut er sich sehr genau an. Und dafür ist er bestens ausgerüstet.

Frau Schnurr mag Tiere und die Tiere mögen sie. So ist es nicht verwunderlich, dass Frau Schnurr an jedem Ort ein Tier trifft, mit dem sie Freundschaft schließt.

Für den **Eiswagen** findet sich immer ein Platz. Eis mögen alle und deshalb ist meistens viel los am Eiswagen.

Dieses
Wimmel- und Wörterbuch gehört:

_____

Wir bedanken uns bei dem Zoologen Dr. Gerhard Jarms
von der Universität Hamburg für die Hilfe
bei der Entstehung dieses Buches.

1 2 3 4   10 09 08
© Carlsen Verlag, Hamburg 2008
Illustration: Anne Ebert
Konzept und Text: Sandra Ladwig
Herstellung: Steffen Meier
Lithografie: Margit Dittes Media, Hamburg
Druck und Bindearbeiten: Zanardi, Italy
ISBN: 978-3-551-07201-6
Printed in Italy
www.carlsen.de

Mein großes Wimmel- und Wörterbuch

In der Natur

Die Bilder hat gemalt
Anne Ebert
und den Text hat geschrieben
Sandra Ladwig

CARLSEN

Im Garten

die Gießkanne

die Gartenschere

die Hacke

der Gartenschlauch

der Blumentopf

der Gartenzwerg

der Rechen

der Spaten

der Nistkasten

Tiere im Garten

der Schmetterling

die Schnecke

die Mücke

die Elster

die Ameise

die Kohlmeise

die Wespe

der Frosch

die Kaulquappe

die Biene

die Maus

die Kellerassel

die Spinne

der Spatz

das Rotkehlchen

der Star

die Hummel

die Kröte

der Goldfisch

der Tausendfüßler

die Raupe

der Marienkäfer

der Grashüpfer

der Maulwurf

die Libelle

die Amsel

der Regenwurm

Blumen im Garten

Im Nutzgarten baut man Obst und Gemüse an.

Im Ziergarten wachsen Blumen und andere Pflanzen.

In einem Wohngarten kann man spielen, grillen, schlafen, lesen. Ein Wohngarten ist wie ein Wohnzimmer im Freien.

Ein Schlossgarten ist eine große Gartenanlage. Könige und Fürsten ließen sie von Gartenarchitekten anlegen.

Ein japanischer Garten ist wie ein Kunstwerk angelegt. Hier gibt es nur wenige bunte Blumen. Eine wichtige Rolle spielen Steine.

Im botanischen Garten wachsen einheimische und exotische Pflanzen.

Ein zoologischer Garten ist ein Park für Tiere. Hier kann man auch Tiere sehen, die es in Deutschland nicht gibt.

Einen Kleingarten kann man mieten, wenn man keinen eigenen Garten hat. Kleingärten sind in einer Anlage zusammengefasst.

In einem Rosengarten werden unterschiedliche Rosensträucher angepflanzt. Viele Rosensorten duften angenehm.

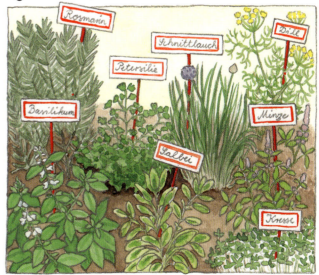

In einem Kräutergarten pflanzt man Kräuter an. Kräuter nutzt man zum Würzen von Speisen oder als Medizin.

Tiere auf dem Bauernhof

Woher kommt die Milch?

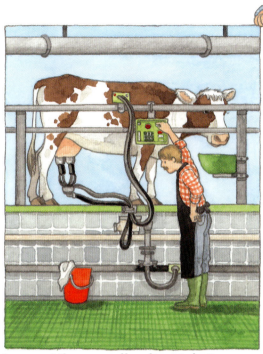

Bauer Klaus melkt die Kuh Berta mit der Melkmaschine.

In einem Kühltank wird die frische Milch gelagert.

Ein Tankwagen fährt die Milch in eine Milchfabrik, die Molkerei.

In der Molkerei wird die Milch zu Butter, Käse, Joghurt und Kakao weiterverarbeitet.

Im Obstgarten

der Apfelbaum
der Birnbaum
der Kirschbaum

die Erdbeere
die Johannisbeere
die Brombeere
die Himbeere

Das Feld in den vier Jahreszeiten:

Im Herbst sät Bauer Klaus das Wintergetreide. Er hängt den Pflug an seinen Traktor und lockert so den Boden auf. Mit der Sämaschine setzt er die Samenkörner in den Boden.

Im Winter ist Ruhezeit. Die Getreidekörner in der Erde beginnen zu keimen.

Im Frühjahr düngt Bauer Klaus die Felder. Die kleinen Getreidepflanzen brauchen Nahrung. Im Güllewagen befindet sich eine Mischung aus Tierkot und Wasser vom Bauernhof. Das stinkt!

Im Sommer wird das Getreide geerntet. Der Mähdrescher schneidet die Getreidehalme ab. In der Maschine werden die Körner aus den Ähren geschüttelt. Übrig bleiben Halme und leere Ähren. Das nennt man Stroh.

Auf Feld und Wiese

 der Klatschmohn

 die Kornblume

- die Heuschrecke
- der Zitronenfalter
- die Wespe
- der Kleine Fuchs
- die Hornisse
- der Hamster
- die Biene
- die Wachtel

 der Löwenzahn

 die Schlüsselblume

 die Brennnessel

 die Glockenblume
 die Winde
 der Klee
 die Kamille

 as Gänseblümchen
 die Schafgarbe
 die Margerite
 der Hahnenfuß

Auf dem Waldboden

Wälder

In einem Wald leben Bäume, Pflanzen und Tiere dicht beieinander. Es gibt verschiedene Arten von Wäldern.

In einem Laubwald verlieren die Bäume ihre großen, flachen Blätter im Herbst.

Der Nadelwald ist das ganze Jahr über grün. Nadeln sind kleine, harte Blätter. Sie fallen vereinzelt und erneuern sich das ganze Jahr über. Die Lärche ist nicht immer grün. Sie verliert ihre Blätter im Herbst.

In einem Mischwald wachsen Laubbäume und Nadelbäume.

die Strandkiefer
die Pinie
der Eukalyptus
die Zypresse

In Ländern am Mittelmeer wächst der mediterrane Wald. Der Sommer ist dort oft sehr trocken und heiß. Die Baumwurzeln müssen tief in den Boden stoßen, um an Wasser zu gelangen.

Der tropische Regenwald wächst entlang des Äquators, in Ländern, in denen das Klima warm und feucht ist. Der Regenwald ist aufgebaut wie ein Haus mit verschiedenen Stockwerken. Das höchste Stockwerk ist bis zu 100 m hoch!

An den tropischen Meeresküsten wachsen die Mangroven. Die Bäume in den Mangroven haben Stützwurzeln. Damit halten sie sich im nassen Untergrund fest. Mit den Atemwurzeln, die nach oben wachsen, nehmen die Bäume Sauerstoff auf.

Der Laubbaum

Wie alle Pflanzen brauchen auch Bäume zum Leben Luft, Licht, Wasser und Nährstoffe. Mit den Wurzeln saugen sie Wasser und Nährsalze aus dem Boden. Mit den Blättern fangen sie das Sonnenlicht ein.

Frühling — die Baumkrone, die Blüte, der Zweig

Sommer — die Frucht, das Blatt

Herbst — die Kastanie

Winter — die Rinde, die Knospe

Der Nadelbaum

Frühling

der Zweig
die Blüte

Sommer

die Rinde

Herbst

der Stamm
der Zapfen

Winter
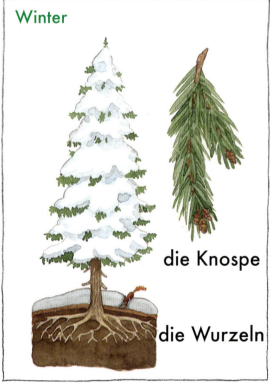
die Knospe
die Wurzeln

Bestäubung und Samenbildung

Ohne Blüten könnten sich Bäume, Blumen und andere Pflanzen nicht vermehren. In den Staubblättern liegt der Pollen. So nennt man den Blütenstaub. Wenn der Pollen reif ist, öffnen sich die Staubbeutel in den Staubblättern und der Pollen fällt hinaus.

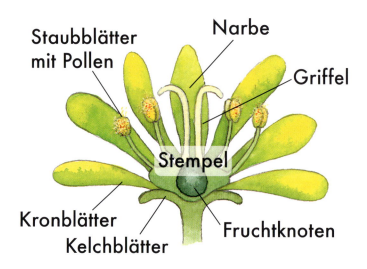

Insekten, Wasser oder Wind tragen den Pollen zu anderen gleichartigen Pflanzen. Dort wird er auf die Narbe übertragen. Durch die Bestäubung entsteht im Fruchtknoten der Samen. Wenn der Samen in fruchtbare Erde fällt, wächst eine neue Pflanze heran.

Der Blütenduft und die Farbe locken die Biene an, die sich von den Pollen und dem süßen Blütennektar ernährt.

Der Blütenstaub setzt sich an den Körperhaaren der Biene fest.

Bei der nächsten Blüte löst sich der Blütenstaub und befruchtet den Stempel.

Wachstum

So entsteht ein Ahorn

Die Blüten des Ahornbaums werden bestäubt ❶. Es bilden sich Früchte, die so genannten „Nasen". Darin liegt der Samen ❷. Durch den Wind fallen die „Nasen" zu Boden ❸.

Der Samen landet auf der fruchtbaren Erde und beginnt zu keimen ❹. Erste Wurzeln bilden sich aus, die die Pflanze im Boden verankern ❺.
Die Pflanze beginnt sich zu strecken ❻.
Erste Keimblätter entfalten sich ❼.
Später wachsen weitere Blätter ❽.

Der Frosch

Der Frosch gehört zu den Amphibien. Sie können im Wasser und auf dem Land leben. Auch Kröte, Teichmolch und Feuersalamander sind Amphibien.

der Laubfrosch

die Kröte

der Teichmolch

der Feuersalamander

Von der Kaulquappe zum Frosch

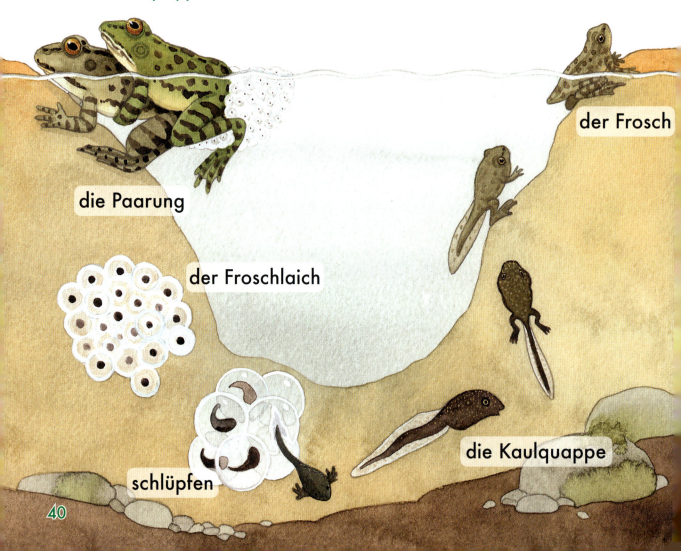

die Paarung

der Froschlaich

schlüpfen

die Kaulquappe

der Frosch

Mit seiner langen Zunge fängt der Frosch blitzschnell Fliegen.

Das laute Quaken des Froschs ist nicht zu überhören.

Mit seinen großen und beweglichen Augen kann der Frosch seine Umwelt beobachten, ohne den Kopf zu drehen.

Besonders weit springen kann der Frosch dank seiner kräftigen Schenkel.

Ein Tag am Meer

die Flossen

der Kescher

42 die Förmchen   der Bikini   der Schwimmreif   die Sonnenmilch

 die Taucherbrille
 der Sonnenhut
 der Schnorchel
 der Wasserball

- der Eisverkäufer
- der Deich
- die Düne
- der Rettungsturm
- das Handtuch
- der Strandkorb
- der Sand
- die Schaufel

 der Badeanzug
 die Sonnenbrille
 die Badehose
 die Schwimmflügel

Am Nordseestrand

der Sandregenpfeifer
die Silbermöwe
der Strandhafer
das Heidekraut
der Kiebitz
die Stranddistel
das Löffelkraut
der Strandflieder

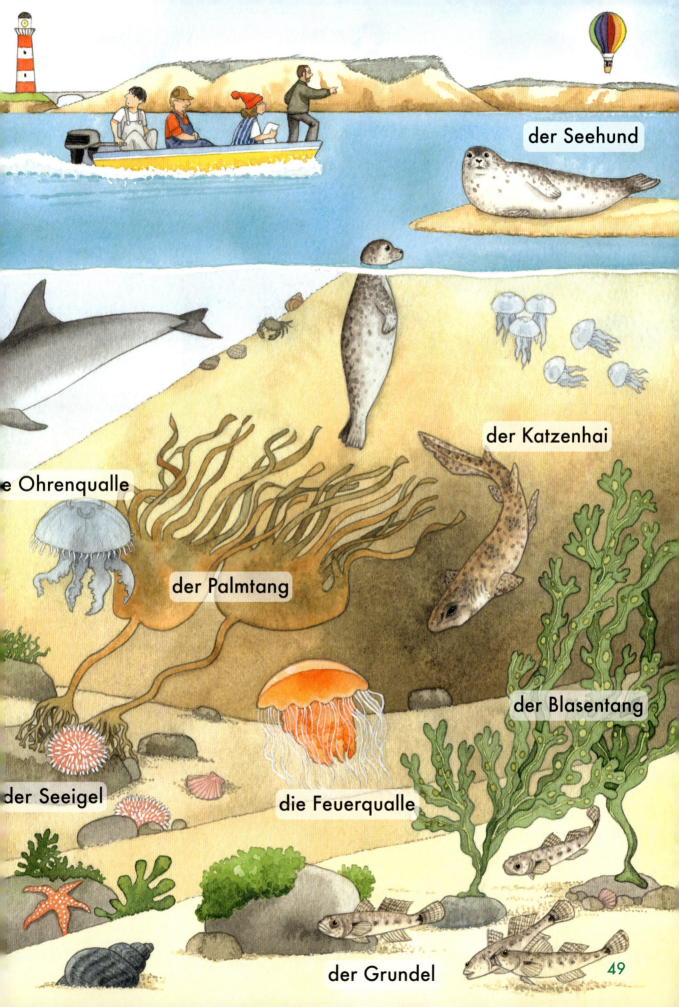

Ebbe und Flut

Zweimal am Tag gibt es am Meer Ebbe und Flut. Ebbe nennt man die Zeit zwischen dem höchsten und dem niedrigsten Wasserstand. Das Wasser läuft ab, weg vom Strand. Bei Flut ist es umgekehrt. In der Zeit zwischen dem niedrigsten und dem höchsten Wasserstand steigt das Wasser an. Ebbe und Flut entstehen durch die Anziehungskräfte von Erde und Mond.

Bei Flut ist der gesamte Strand vom Wasser bedeckt.

Bei Ebbe kann man am Strand schöne Muscheln finden.

In den Bergen

Berge sind Erhebungen in der Landschaft. Einen Berg teilt man in verschiedene Höhenstufen ein. Das Wetter, die Pflanzen und die Tiere verändern sich je nach Höhenstufe.
In manchen Gegenden gibt es noch seltene Tiere wie den Luchs oder den Braunbären. Viele Berge zusammen nennt man Gebirge. Die Alpen sind das höchste Gebirge in Europa.

ab 2 000 m
die Baumgrenze

1 500 – 2 000 m
die Waldgrenze

1 000 – 1 500 m
der Mischwald

500 – 1 000 m
der Laubwald

die Lärche

die Tanne

die Buche

die Kastanie

die Eiche

der Rothirsch

Tiere in den Bergen

der Braunbär

der Falke

der Schneehase

der Mauerläufer

der Luchs

der Auerhahn

das Hermelin

der Adler

die Gämse

das Murmeltier

der Geier

Gut getarnt

Einige Tiere, die ein dunkles Sommerfell oder -gefieder haben, bekommen im Winter ein weißes Fell oder Federkleid. Im Schnee sind sie nicht zu erkennen. Damit sind sie besser vor Feinden geschützt.

das Schneehuhn

das Hermelin

der Schneehase

Die Schwanzspitze des Hermelins bleibt auch im Winter schwarz.

Pflanzen in den Bergen

In den Bergen wachsen viele seltene Pflanzenarten. Die meisten stehen unter Naturschutz. Sie dürfen nicht gepflückt werden.

Wörterliste

A

Aal, der	39
Adler, der	55
Ahorn, der	23; 30; 35
Alm, die	59
Alpenrose, die	53; 57
Alpenstrandläufer, der	47
alpine Weide, die	53
Ameise, die	4; 25; 26
Ameisenhaufen, der	25; 26
Amphibien, die	40
Amsel, die	4
Apfelbaum, der	15
Apollofalter, der	55
Aquarium, das	44
Arnika, die	57
Atemwurzeln, die	31
Auerhahn, der	54
Augen, die	41
Austernfischer, der	47

B

Bach, der	58
Badeanzug, der	43
Badehose, die	43
Bärlauch, der	24
Basilikum, das	9
Bau, der	27
Bauer, der	11
Bäuerin, die	10
Bauernhof, der	10
Baum, der	3
Baumgrenze, die	52
Baumhaus, das	3
Baumkrone, die	32
Baummarder, der	29
Baumwanze, die	25
Beet, das	2
Berg, der	52; 58
Bergdorf, das	58
Berghütte, die	59
Bergkiefer, die	53
Bergsteiger, der	58
Bestäubung, die	34
Biber, der	39
Biene, die	4; 20
Bikini, der	42
Binse, die	37
Birke, die	30
Birnbaum, der	15
Bisamratte, die	39
Blasentang, der	49
Blässhuhn, das	37
Blatt, das	32
Blätter, die	30; 32
Blauhai, der	48
Blumen, die	2; 5
Blumentopf, der	3
Blüte, die	32
Blüten, die	34
Blütenstaub, der	34
Bohnen, die	14
Boje, die	42
Boot, das	42
botanische Garten, der	9
Brandgans, die	47
Braunbär, der	54
Brennnessel, die	20
Brombeere, die	15; 24
Brot, das	17
Brücke, die	59
Buche, die	23; 30; 52
Buchfink, der	23
Buntspecht, der	22
Buschwindröschen, das	24
Bussard, der	55
Butter, die	13

C

Cornflakes, die	17

D

Dachs, der	27; 29
Dachsgang, der	27
Dahlie, die	5
Deich, der	43
Delfin, der	44; 48
Dill, der	9
Düne, die	43

E

Ebbe, die	50
Edelweiß, das	53; 57
Efeu, der	22
Eiche, die	23; 30; 52
Eichelhäher, der	23
Eichhörnchen, das	23
Eisverkäufer, der	43
Eisvogel, der	37
Elster, die	4; 21
Ente, die	12
Enzian, der	53; 57
Erbsen, die	14
Erdbeere, die	15
Erde, die	26
Erle, die	36
Esche, die	37
Eukalyptus, der	31
ewige Schnee, der	53

F

Falke, der	54
Farn, der	24
Fasan, der	21
Feder, die	51
feiern	7
Feld, das	16; 18; 20
Feldmaus, die	26

Feldweg, der	17	Gletscher, der	58	Hummer, der	45	
Felsen, der	42	Glockenblume, die	21; 24; 57	Hund, der	12	
Ferkel, das	12	Glühwürmchen, das	29	Hundehütte, die	10	
Feuerqualle, die	49	Goldfisch, der	4			
Feuersalamander, der	40	Grashüpfer, der	4			
Fichte, die	22; 30; 53	Grasnelke, die	47			
Fingerhut, der	24	Graureiher, der	36	**I**		
Fischotter, der	38	Griffel, der	34			
Flechte, die	53	Grille, die	21	Igel, der	27; 29	
Fledermaus, die	28	Grundel, der	49	Insel, die	42	
Fliege, die	21	Gründling, der	39			
Fliegenpilz, der	25	Güllewagen, der	19			
Flossen, die	42	Gurke, die	14			
Flut, die	50					
Förmchen, die	42					
Frachter, der	42			**J**		
Frischling, der	28					
Frosch, der	4; 36; 40; 41	**H**		japanische Garten, der	8	
Froschlaich, der	40			Joghurt, der	13	
Frucht, die	32	Habicht, der	55	Johannisbeere, die	15	
Fruchtknoten, der	34	Hacke, die	2	Jungen, die	27	
Frühjahr, das	19	Hafer, der	16			
Frühling, der	32; 33	Hagebutte, die	24			
Fuchs, der	26; 29	Hahn, der	12			
Fuchsbau, der	26	Hahnenfuß, der	21			
		Hamster, der	20	**K**		
		Handtuch, das	43			
		Hase, der	26	Kakao, der	13	
		Haubentaucher, der	37	Kalb, das	12	
G		Hecht, der	38	Kamille, die	21	
		Hecke, die	2	Kammmuschel, die	51	
Gämse, die	53; 55	Heidekraut, das	46; 57	Kaninchen, das	12; 26	
Gang, der	27	Heidelbeere, die	24	Karotte, die	14	
Gans, die	12	Herbst, der	18; 32; 33	Karpfen, der	38	
Gänseblümchen, das	5; 21	Hering, der	45	Kartoffel, die	14	
Garnele, die	45	Hermelin, das	54; 56	Käse, der	13	
Garten, der	2	Herzmuschel, die	51	Kastanie, die	30; 32; 52	
Gartenschere, die	2	Heuschrecke, die	20	Katze, die	12	
Gartenschlauch, der	2	Himbeere, die	15; 24	Katzenhai, der	49	
Gartenzaun, der	3	Hirschkäfer, der	25	Kaulquappe, die	4; 40	
Gartenzwerg, der	3	Hirschkalb, das	22	Keimblatt, das	35	
Gebirge, das	52	Hirschkuh, die	22	keimen	35	
Geier, der	55	Höhenstufe, die	52	Kekse, die	17	
Gemüsegarten, der	10; 14	Höhle, die	59	Kelchblatt, das	34	
Gerste, die	16	Holunder, der	24	Kellerassel, die	4; 25	
Getreide, das	16; 19	Holz, das	51	Kescher, der	42	
Gewächshaus, das	3	Hornisse, die	20	Kiebitz, der	46	
gießen	7	Hortensie, die	5	Kiefer, die	30	
Gießkanne, die	2	Huhn, das	12	Kirschbaum, der	15	
Ginster, der	57	Hühnerstall, der	11	Klatschmohn, der	20	
Gipfelkreuz, das	58	Hummel, die	4	Klee, der	21	

Kleiber, der	22	Luftmatratze, die	42	Narbe, die	34
Kleine Fuchs, der	20			Narzisse, die	5
Kleingarten, der	9			Naturschutz, der	57
klettern	6			Nebel, der	28
Kletterpflanze, die	3			Nest, das	3
Knollenblätterpilz, der	25			Nistkasten, der	3
Knospe, die	32; 33	**M**		Nordsee, die	48
Kobel, der	22	Mähdrescher, der	19	Nordseestrand, der	46
Kohlmeise, die	4	Maiglöckchen, das	24	Nudeln, die	17
Kompassqualle, die	48	Mais, der	17	Nutzgarten, der	8
Komposthaufen, der	3	Makrele, die	45		
Kornblume, die	20	Mangroven, die	31		
Kothaufen, der	51	Margerite, die	5; 21		
Krähe, die	21	Marienkäfer, der	4; 21		
Kräutergarten, der	9	Mauerläufer, der	54	**O**	
Kresse, die	9	Maulwurf, der	4; 27		
Krokus, der	5	Maulwurfshügel, der	27	Obstgarten, der	11; 15
Kronblatt, das	34	Maus, die	4	Ochse, der	12
Kröte, die	4; 37; 40	mediterrane Wald, der	31	Ohrenqualle, die	49
Kuchen, der	17	meditieren	7		
Kuckuck, der	22	Meer, das	42		
Kuh, die	12	Meeraal, der	44		
Kühltank, der	13	Melkmaschine, die	13		
Küken, das	12	Miesmuschel, die	51	**P**	
Kürbis, der	14	Milch, die	13		
Küstenseeschwalbe, die	47	Minze, die	9; 57	Paarung, die	40
		Mischwald, der	30; 52	Palmtang, der	49
		Mistel, die	23	Pappel, die	36
		Misthaufen, der	11	Petersilie, die	9
		Mistkäfer, der	25	Pfeifenente, die	47
L		Molch, der	37	Pferd, das	12
		Molkerei, die	13	Pfifferling, der	25
Lachmöwe, die	47	Moos, das	24; 53	pflanzen	6
Lamm, das	12	Mücke, die	4	Pflaumenbaum, der	10
Languste, die	45	Murmeltier, das	55	Pflug, der	18
Lärche, die	30; 52	Müsli, das	17	Pilze, die	25
Laub, das	24; 27			Pinie, die	31
Laubbaum, der	32			planschen	7
Laubfrosch, der	40			Plattmuschel, die	51
Laubwald, der	30; 52			Pollen, der	34
Lauch, der	14			Popcorn, das	17
Lerche, die	21			Preiselbeere, die	57
lesen	6	**N**		Quaken, das	41
Leuchtturm, der	42	Nachbargärten, die	6	Quelle, die	59
Libelle, die	4; 36; 38	Nachtigall, die	23		
Liegestuhl, der	3	nachts	28		
Lilie, die	5	Nacktschnecke, die	25		
Linde, die	30; 53	Nadelbaum, der	33		
Löffelkraut, das	46	Nadeln, die	30	**R**	
Löwenzahn, der	5; 20	Nadelwald, der	30		
Luchs, der	54	Nagelrochen, der	44	Radieschen, das	14

Rasen, der	3	Schnecke, die	4	Stockrose, die	5
Rasen mähen	6	Schnee, der	53; 58	Storch, der	11; 37
Raupe, die	4	Schneehase, der	54; 56	Strand, der	50
Rebhuhn, das	21	Schneehuhn, das	55; 56	Stranddistel, die	46
Rechen, der	3	Schnittlauch, der	9	Strandflieder, der	46
Regenwurm, der	4; 26	Schnorchel, der	43	Strandgut, das	51
Rehbock, der	22	Scholle, die	48	Strandhafer, der	46
Rehkitz, das	22	Schuppen, der	2	Strandkiefer, die	31
Rettungsturm, der	43	Schwalbe, die	12	Strandkorb, der	43
Ricke, die	22	Schwein, das	12	Strandkrabbe, die	51
Rinde, die	32; 33	Schweinswal, der	48	Strandschnecke, die	51
Ringelblume, die	5	Schwimmflügel, die	43	Stroh, das	11; 19
Rochen, der	44	Schwimmreif, der	42	Stützwurzeln, die	31
Roggen, der	17	Seegras, das	48	Sumpf-Schwertlilie, die	36
Rohrkolben, der	37	Seehund, der	49	Sumpf-Vergissmeinnicht, das	37
Rose, die	5	Seeigel, der	49	Surfer, der	42
Rosengarten, der	9	Seemoos, das	51		
Rosmarin, der	9	Seepferdchen, das	45		
Rothirsch, der	22; 52	Seeregenpfeifer, der	47		
Rotkehlchen, das	4	Seerose, die	36		
		Seestern, der	51	**T**	
		Seilbahn, die	59		
		sich sonnen	7	Tagpfauenauge, das	21
		Silberdistel, die	57	Tal, das	58
S		Silbermöwe, die	46	Tankwagen, der	13
		Silo, das	10	Tanne, die	23; 30; 52
Salat, der	14	Sommer, der	19; 32; 33	Taucherbrille, die	43
Salbei, der	9; 57	Sonnenblume, die	5	Tausendfüßler, der	4; 25
Sämaschine, die	18	Sonnenbrille, die	43	Teich, der	3; 38
Samen, der	34	Sonnenhut, der	43	Teichhuhn, das	36
Samenbildung, die	34	Sonnenmilch, die	42	Teichmolch, der	40
Sand, der	43	Sonnenschirm, der	43	Terrasse, die	2
Sandkasten, der	2	Spaten, der	3	Thunfisch, der	44
Sandregenpfeifer, der	46	Spatz, der	4	Thymian, der	57
Sardine, die	45	spielen	7	Tigerhai, der	45
Sasse, die	26	Spinat, der	14	Tintenfisch, der	45
Satanspilz, der	25	Spinne, die	4	Tomate, die	14
Schaf, das	12	Stall, der	11	Tonne, die	48
Schafgarbe, die	21	Stamm, der	33	Tor, das	11
Schaufel, die	43	Star, der	4	Totengräber, der	25
schaukeln	6	Staubbeutel, der	34	Totentrompete, die	25
Scheidenmuschel, die	51	Staubblatt, das	34	Traktor, der	11; 18
Schenkel, die	41	Stechmücke, die	38	Tränke, die	10
Scheune, die	11	Stechpalme, die	24	tropische Regenwald, der	31
Schilfrohr, das	37	Stein, der	26; 51	Tulpe, die	5
schlafen	7	Steinbock, der	53; 55		
Schlauchboot, das	42	Steinbutt, der	48		
Schlossgarten, der	8	Steinpilz, der	25		
schlüpfen	40	Stempel, der	34		
Schlüsselblume, die	20; 24	Stichling, der	38		
Schmetterling, der	4	Stockente, die	36		

U

Uhu, der	28
Unkraut jäten	7

V

Vogel, der	2
Vogelnest, das	23

W

Wacholder der	57
Wachstum, das	35
Wachtel, die	20
Wal, der	44
Wald, der	22; 28
Wälder, die	30
Waldbockkäfer, der	25
Waldboden, der	24
Walderdbeere, die	24
Waldgrenze, die	52
Waldkauz, der	29
Wanderer, der	58
Wanderkarte, die	58
Wasser, das	36
Wasserball, der	43
Wasserfall, der	58
Wasserläufer, der	38
Wasserlinsen, die	37
Wasserspinne, die	38
Wattwurm, der	51
Weberknecht, der	25
Weg, der	2; 58
Wegweiser, der	59
Weide, die	10; 37; 53
Weizen, der	16
Welle, die	42
Wellhornschnecke, die	51
Wels, der	38
Wespe, die	4; 20
Wiese, die	20; 58
Wildschwein, das	28
Winde, die	21
Winter, der	18; 32; 33

Wohngarten, der	8
Wohnhaus, das	10
Wolf, der	53; 55
Wurzel, die	5; 26
Wurzeln, die	32; 33; 3

Z

Zapfen, der	33
Ziergarten, der	8
Zitronenfalter, der	20
zoologische Garten, der	9
Zucchini, die	14
Zunge, die	41
Zweig, der	32; 33
Zwiebel, die	14
Zypresse, die	31

In diesem Buch gibt es viel zu entdecken. Auch all diese Figuren und Gegenstände findest du im Buch wieder. Wo sind sie?

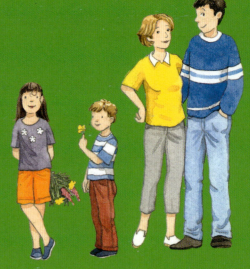

Hanna, Max, Mama und Papa sind gerne in der Natur unterwegs.

die rote Mütze

Paul und Brigitte suchen ein neues Zuhause. Wo lässt es sich am besten wohnen? In einem Garten? Auf dem Bauernhof? Im Wald? Ob die beiden einen passenden Ort finden?

Der Briefträger und sein kleines Postauto bringen die Post an alle Orte. Kein Weg ist für den Briefträger zu weit oder zu anstrengend.